INSTRUCTION PASTORALE

DE MONSEIGNEUR

L'ÉVÊQUE DE TROYES,

SUR L'IMPRESSION DES MAUVAIS LIVRES,

ET NOTAMMENT

SUR LES NOUVELLES OEUVRES

COMPLÈTES

DE VOLTAIRE ET DE ROUSSEAU

A PARIS,

Chez Adrien Le Clere, Imprimeur de N. S. P. le Pape et de S. Em. Mgr. le Cardinal Archevêque de Paris, quai des Augustins, n°. 35.

1821.

INSTRUCTION PASTORALE

DE MONSEIGNEUR

L'ÉVÊQUE DE TROYES,

SUR L'IMPRESSION DES MAUVAIS LIVRES,

ET NOTAMMENT

SUR LES NOUVELLES OEUVRES

COMPLÈTES

DE VOLTAIRE ET DE ROUSSEAU.

~~~~~~~~~~

ÉTIENNE-ANTOINE DE BOULOGNE, par la Miséricorde divine et la grâce du saint Siége apostolique, Evêque de Troyes, Archevêque élu de Vienne, au Clergé et à tous les Fidèles de notre Diocèse, Salut et Bénédiction en Notre Seigneur Jésus-Christ.

De tous les scandales, Nos très-chers Frères, qui aient affligé jusqu'ici la Religion et la vert, il n'en est pas de plus alarmant par ses suites, et de plus fait pour compromettre le salut des ames et attirer sur la France de nouvelles calamités, que l'impression de tant d'écrits impies, circulant aujourd'hui avec autant d'audace que d'impunité. Avec quelle douleur nous voyons notre Diocèse infesté de plus en plus de leurs annonces fastueuses, et leurs funestes *Prospectus* multipliés plus que jamais sous mille formes différentes. C'est donc dans un temps où les plaies faites à la patrie par l'impiété et la philosophie sont encore saignantes, où nous sommes revenus à peine de nos longues agitations et de nos cruelles infortunes; où le volcan à peine éteint fume encore, et semble nous laisser dans la terrible incertitude qu'il soit jamais fermé; c'est, disons-nous, dans une position aussi triste et aussi critique que l'on vient encore ouvrir parmi nous de nouvelles sources de corruption, semer de nouveaux fermens de dissentions et de discordes, de nouvelles matières inflammables, propres uniquement à rallumer un incendie qui commence à peine à s'éteindre. Quoi donc! la France n'est-elle pas assez pervertie, et faut-il la pervertir encore? N'est-elle pas assez malheureuse, et faut-il mettre encore de nouveaux obstacles à son retour à l'ordre et à la paix, à la vertu et à la Religion, qui peut seule guérir ses maux et fermer ses blessures? Il est donc vrai qu'il y a encore des hommes qu'aucune expérience ne corrige, et qu'aucun malheur ne détrompe. Grand Dieu! et quel coup faut-il donc que vous frappiez encore, si tous les fléaux que vous nous avez envoyés n'ont pu nous rendre ni plus avisés ni plus sages? Nous lisons bien, dans les livres saints, que le Seigneur enverra aux nations l'esprit de vertige, et les livrera à leur propre démence; mais nos yeux nous donnent aujourd'hui la preuve la plus sensible et la plus littérale que nous pussions avoir de cette terrible prophétie. Hélas! qui nous eût dit, il y a trente ans, que ces mêmes auteurs, dont les personnes étoient flétries par les magistrats, et les ouvrages livrés aux flammes par la main du bourreau, seroient aujourd'hui réimprimés avec éclat, et reproduits, par la main des artistes, avec un luxe d'impiété dont il n'y a pas d'exemple, et que nous verrions afficher jusqu'aux portes de nos Temples cette nouvelle bravade faite aux mœurs publiques, cette nouvelle déclaration de guerre faite à la Religion et à ses Ministres? qui nous eût dit, quand, pour répondre aux intentions pieuses de notre auguste Monarque, nous ordonnions des prières expiatoires et des réparations publiques pour les sanglans outrages qu'avoit reçus notre Religion sainte aux jours affreux de la révolution; qui nous eût dit que nous verrions aujourd'hui publier hautement les éditions de ces mêmes livres qui ont servi de catéchisme aux profanateurs et de symbole aux sacriléges? Mais que fait donc l'Etat, N. T. C. F., quand il s'adresse si souvent au Ciel pour l'invoquer dans ses besoins, par l'organe de ses premiers Pasteurs? Que signifient donc ces vœux publics, ces sacrifices solennels offerts au nom de la Nation et de la Puissance publique toutes les fois que nous avons quelques bienfaits à demander, quelque calamité à éloigner, ou quelque action de grâce à rendre? Et ces vœux, et ces prières, et ce concours des deux Autorités, qui démontre si bien que la Religion et l'Etat ne font qu'un tout inséparable, ne seroient-ils que de vaines formalités et des cérémonies sans conséquence? Auroient-ils donc pour but d'appaiser le Ciel ou de l'irriter, d'obtenir de lui la prospérité du Royaume, ou d'attirer sur lui de nouvelles vengeances? Et qui jamais nous expliquera cette étrange contradiction entre la Nation et la Nation, entre les lois et les lois, entre nos mœurs et nos mœurs, entre nous-mêmes et nous-mêmes?

Nous nous abstiendrons, N. T. C. F., d'ouvrir sous vos yeux ces honteux dépôts d'impiété et de licence, reproduits aujourd'hui par le vil intérêt et la cupidité, et dans lesquels se trouvent tant d'écrits dont les noms seuls souilleroient notre plume. Il suffit à notre devoir, autant qu'à votre instruction, de vous dire qu'aucune lecture ne peut vous être plus fatale, et comme François et comme Chrétiens, et ne peut nuire davantage à vos mœurs et à votre foi, que celle de toutes ces œuvres de ténèbres, parmi lesquelles nous devons surtout signaler celles des deux plus grands ennemis qu'ait eu le christianisme, et des deux plus grands corrupteurs qu'ait jamais eu l'espèce humaine. Non, ce ne sont point ici, ainsi que vous le disent certains hommes intéressés à se jouer de la crédulité des simples, et qui mentent en cela autant à l'évidence qu'à eux-mêmes ; ce ne sont point ici quelques taches légères, quelques points de doctrine plus ou moins erronés, quelques assertions plus ou moins téméraires, échappées à une plume inconsidérée : c'est un plan d'attaque, suivi avec autant de perfidie que d'audace contre le Trône et l'Autel ; c'est l'impudence des mensonges, qui ne peut être surpassée que par celle des blasphêmes. C'est la pudeur indignement baffouée, et la majesté du culte saint foulée aux pieds. D'une part, c'est le fanatisme philosophique dans tous les accès de sa fureur ; et de l'autre, le fanatisme politique dans tout son délire. Dans le philosophe de Ferney, quel révoltant cynisme! quelle atroce causticité! quel débordement de bile et de fiel! quel mépris plus ouvert de toutes vérités, de toutes bienséances et de toute équité! De qui se joue-t-il le plus, ou de ses lecteurs ou de son propre jugement? et qu'a-t-il donc travesti davantage, ou les livres saints, ou l'histoire, ou lui-même? Dans le citoyen de Genève, quel vil égoïsme! quel dégoûtant mélange de feinte modestie et d'orgueil effréné! quel talent déplorable de défendre, avec la même dextérité, et le vrai et le faux, et le pour et le contre! quel oubli de toutes les convenances! et où a-t-il donc mis plus de bizarrerie, d'incohérence et de désordre? est-ce dans ses actions ou bien dans ses idées? Le premier répond à tout par des sarcasmes, et nous donne ses épigrammes pour des démonstrations; le second nous donne, pour les premiers principes des choses, les rêves de son imagination malade. Le premier, éminemment faux et vain, est le patron favori des littérateurs frivoles, des demi-savans et des esprits superficiels; le second, éminemment sophistique et paradoxal, est le dieu chéri de tous les visionnaires, de tous les hommes à systêmes et de toutes les têtes ardentes. L'un a mis la vertu au rang des ridicules, et c'est le plus grand des crimes : l'autre a mis les passions au rang des vertus et divinisé le vice, et c'est le dernier degré de l'immoralité : enfin, divisés tous les deux d'opinions et d'intérêts, et opposés par la trempe de leur esprit et de leur caractère, ils se sont réunis dans la même ambition, celle de tout bouleverser, et par des voies diverses ont marché vers le même but, celui de tout corrompre et de tout détruire.

Et voilà donc ces deux héros de l'impiété que l'on vient aujourd'hui offrir encore à notre admiration, et qu'on ose nous proposer fastueusement pour nos modèles et nos oracles ! voilà les OEuvres complètes où vont se retremper les armes de tous les libertins, de tous les amateurs de nouveautés et de révolutions, et que l'on réimprime à moins de frais possibles, afin que la circulation en soit plus prompte et plus rapide, que leur venin s'insinue plus aisément dans toutes les veines du corps social, et que l'acquisition en soit également facile aux pauvres comme aux riches, aux petits comme aux grands, aux jeunes comme aux vieillards, et que tout le peuple françois puisse boire à longs traits dans cette coupe de prostitution et de mensonge. Grand Dieu! et que peut donc faire le peuple de pareilles OEuvres, et quel profit peut-il donc en tirer pour son repos et son bonheur? Qu'en feront donc les pauvres, et quelles ressources y trouveront-ils pour supporter leurs peines? Les vieillards, et quelles consolations y trouveront-ils au déclin de leur vie? Les jeunes gens, et quelles leçons y puiseront-ils pour s'avancer dans la sagesse? Quel sera donc le père honnête qui osera les procurer à ses enfans? quel sera l'instituteur qui osera les mettre entre les mains de ses élèves? et que sont donc des OEuvres qu'on ne pourroit lire sans honte dans aucune école, ni introduire sans danger dans aucune famille? Ah! loin de nous ces livres sur l'éducation où les instituteurs apprendroient à corrompre leurs élèves, et les élèves à mépriser leurs instituteurs; où les serviteurs ne peuvent que s'aguerrir dans l'infidélité envers les maîtres; où les enfans ne peuvent qu'y puiser des leçons de désobéissance et d'ingratitude envers leurs pères; les pères, des leçons d'indifférence et de dureté envers leurs enfans; les époux, des leçons d'adultère; les jeunes gens, des leçons de libertinage; les malheureux, des leçons de suicide; les sujets, des leçons d'insubordination et de révolte; les rois, des leçons d'inquiétude et de méfiance qui conduisent à la tyrannie; et tous, de quelque âge et de quelque état qu'ils soient, des leçons d'impiété jusqu'au délire, et d'irréligion jusqu'au fanatisme : et pour qui ces OEuvres complètes peuvent-elles donc être spécialement destinées, si ce n'est pour les écoles de prostitution, où Rousseau lui-même, et il nous le dit, veut qu'on conduise ses élèves pour les former à la vertu, et faire un cours d'éducation et de morale? Exécrable conseil, et bien digne de l'insensé qui se disoit par excellence l'*homme de la nature*.

Ah! les vrais amis de l'Etat et des mœurs, comme les zélateurs de la réputation de ces deux Ecrivains, ne nous auroient pas donné leurs OEuvres complètes; ils les auroient laissées dans les bibliothèques jouir de leur obscurité; ils auroient fait un choix, dont les ames honnêtes auroient pu leur savoir gré; ils auroient distingué les OEuvres que le bon goût et la décence peuvent avouer, de celles que la morale, la vérité et les bienséances repoussent. Ils auroient séparé, avec soin, l'or ou le clinquant qui se trouvent mêlés parmi tant d'immondices, quoique cet or ne soit jamais sans alliage, et ils nous auroient fait grâce de ces funestes et déplorables productions, qui ne peuvent que flétrir la mémoire des maîtres et corrompre l'esprit et le cœur des disciples. A moins qu'ils ne prétendent que les bonnes choses qui s'y trouvent peuvent faire oublier les mauvaises; que quelques maximes raisonnables peuvent servir de passe-port aux maximes criminelles; que l'avantage de s'orner l'esprit peut balancer l'inconvenance de salir son imagination et de fausser son jugement; et qu'on peut compenser, par la lecture de quelques beaux vers et de quelques pages brillantes, la perte totale des mœurs, le mépris raisonné des choses les plus saintes, la dégradation de la religion de son pays, et la dépravation de cette jeunesse ardente et passionnée qui peut bien aimer les beaux vers, mais qui aime bien mieux encore les romans licencieux et les contes obscènes.

D'ailleurs, N. T. C. F., qu'avions-nous donc à faire maintenant de toutes ces OEuvres complètes? qu'avions-nous donc besoin de ces trente volumes de dérisions impies et de sarcasmes sacriléges? Faut-il donc, de toute nécessité, que les objets les plus vénérables soient éternellement voués au ridicule? Seroit-il vrai que cet esprit de persécution philosophique n'est point encore éteint, qu'il est encore plus comprimé que guéri, et qu'il n'attend, pour se montrer encore, que le moment et l'occasion? A quoi bon ces honteux répertoires de bouffonneries cyniques et de facéties burlesques? Et que ferons-nous de tous ces jeux folâtres et badins d'une plume légère? Y a-t-il donc à plaisanter sur ce que nous avons vu, et à nous égayer sur ce que nous voyons? Sommes-nous dans le temps de nous réjouir, ou dans celui de nous attrister? dans le temps de nous égayer aux dépens des mœurs, ou dans celui de verser des larmes amères sur nos malheurs et sur nos crimes? Que ferons-nous des utopies bizarres et de tous les rêves politiques du philosophe génevois? Voudrions-nous revenir aux beaux jours de la liberté et de la république? ourdir contre l'Etat de nouvelles conspirations, et remettre de nouveau en question la civilisation françoise? Faut-il donc encore recommencer à nouveaux frais, et reprendre en sous-œuvre notre éducation civique, à nos risques et périls? Que ferons-nous, enfin, de toutes leurs homélies fastidieuses jusqu'au dégoût sur le fanatisme? Reste-t-il donc un autre fanatisme que celui de leurs disciples? Sur la tyrannie, y en a-t-il une autre que la leur? Sur la superstition, l'impiété n'en a-t-elle pas pris la place? Sur la tolérance, tout n'est-il pas toléré, jusqu'à leur doctrine séditieuse, jusqu'à leurs écrits sacriléges? Que ferons-nous de ces déclamations usées sur les disputes des théologiens, quand il n'y a plus de disputes qu'entre les philosophes, qui ne s'entendent plus, et qui se battront long-temps encore avant de s'entendre? et, enfin, de tous ces lieux communs, non moins contraires à la vérité qu'au bon goût, sur tous les maux qu'a causés la religion, quand nous ne voyons plus aujourd'hui que les maux effroyables qu'a produits la philosophie? Que veulent donc maintenant les partisans des OEuvres complètes, et même des OEuvres posthumes? Le vœu de leurs auteurs n'est-il pas accompli, et la religion n'a-t-elle pas été *écrasée?* Ils vouloient fermer les cloîtres, n'ont-ils pas été fermés? Proscrire les moines, n'ont-ils pas été proscrits? Renverser les temples, n'ont-ils pas été renversés?

Dépouiller

Dépouiller les prêtres, n'ont-ils pas été dépouillés? Enfin, tout ce qu'ils ont voulu n'est-il pas arrivé, au-delà même de leurs espérances? et, s'ils revenoient sur la terre, ne seroient-ils pas transportés en voyant qu'ils ont fait tout ce que nous avons vu? Les trois quarts des OEuvres complètes ne sont donc plus de saison, et n'auront plus d'application et d'à-propos, dans l'état actuel des choses; elles ne peuvent donc que perdre à être reproduites, à moins qu'on ne nous dise que tout ce qui favorise ou de près ou de loin l'esprit d'audace et de libertinage vient toujours à propos; que les blasphêmes sont aussi anciens que le monde, et que rien de ce qui peut tendre à avilir la Religion et ses Ministres ne sauroit être intempestif; à moins qu'on ne prétende que tout n'est pas fini, qu'il faut encore de nouvelles secousses, une plus grande épuration des hommes et des choses : à moins qu'on ne prétende que les intentions libérales de ces deux grands régénérateurs ne sont pas encore entièrement remplies, qu'ils nous ont légué de nouveaux malheurs, de nouveaux plans de destruction et de ruines; et qu'il faut se hâter d'exploiter encore ces mines fécondes de politique et de philosophie, où les peuples vont retrouver de nouveaux droits, les princes de nouvelles chaînes, et les uns et les autres de nouvelles leçons pour mieux organiser encore notre perfection sociale.

Mais qui peut donc autoriser une pareille licence, et quel prétexte pourroit-on alléguer qui légitime ces scandaleuses éditions? Nous dira-t-on qu'elles sont une suite naturelle de la liberté de la presse? Nous n'examinerons pas jusqu'à quel point on peut admettre cette conséquence; nous discuterons encore moins la nature de cette liberté, sur laquelle nos grands esprits n'ont pu encore fixer un jugement certain, et qui jusqu'ici est encore mis au rang de nos plus grands problêmes politiques. Mais ce que nous n'hésiterons pas de dire, et ce qui ne peut pas faire une question pour quiconque n'a pas abjuré le bon sens, c'est que, si l'impression de ces sortes d'ouvrages est une suite de la liberté de la presse, il faut la regarder comme la plaie la plus funeste et la plus irrémédiable faite au corps social ; c'est qu'un État qui toléreroit une semblable liberté, s'exposeroit toujours aux plus grands malheurs, et les mériteroit, en devenant ainsi le complice de la corruption publique ; c'est qu'on ne peut pas plus avoir la liberté d'imprimer et de colporter publiquement des ouvrages impies, que de colporter des drogues empoisonnées et de vendre de fausses clefs à l'usage des larrons ; c'est que, s'il existe une liberté à chacun d'imprimer ses opinions, il ne s'ensuit pas qu'il existe une liberté d'imprimer ses opinions criminelles et immorales ; de même que la liberté des consciences ne peut jamais s'étendre jusqu'à publier impunément et légalement ces doctrines épouvantables qui tuent les consciences.

Eh quoi ! N. T. C. F., ce seroit un crime, et sans doute c'en est un grand, que d'écrire contre le Roi, et ce n'en sera pas un que d'écrire contre celui par qui régnent les rois, le seul Roi auquel nous soyons obligés d'obéir, puisque, sans ses ordres, nous ne serions pas obligés d'obéir au Roi? On ne pourroit écrire contre la seconde majesté, et on pourroit écrire contre la première, d'où descendent toutes les autres? Ce seroit un crime d'outrager, dans des écrits publics, la personne du Monarque, et il seroit permis d'outrager la personne adorable de Jésus-Christ? Il seroit défendu de décrier les Ministres du Prince, et il ne le seroit pas de railler indécemment les Ministres du Dieu vivant, les Ministres de la morale, dépositaires-nés des saintes vérités conservatrices des empires? Ce seroit un crime d'attaquer la Charte et de la livrer à la dérision des politiques, et il sera permis de livrer la Religion aux insultes des impies? la Religion, qui est la Charte par excellence, le fondement de toutes les chartes, et sans laquelle aucune autre ne sauroit subsister; la Religion, dont l'Etat lui-même garantit et reconnoît l'existence, en même temps qu'elle protége et consolide l'existence de l'Etat. Fut-il jamais un pareil délire? Jusques à quand ces scandales dureront-ils? jusques à quand sera-t-il donc permis au premier misérable qui voudra se donner de la célébrité, de se faire de Dieu et de sa Religion un affreux passe-temps? Voudrions-nous devenir l'opprobre des nations et l'effroi de la terre? Et qu'on nous en montre une seule, depuis la création, qui jamais ait séparé sa cause de celle de la Divinité, et qui ne se soit crue attaquée et déshonorée elle-même dans les attaques qu'on portoit à la Religion reçue. Oui, N. T. C. F., parcourons tous les siècles; compulsons les archives des peuples les plus anciens; interrogeons toutes les lois des plus grands fondateurs des empires, toutes celles de Numa, de Lycurgue et de Solon, et nous verrons les attentats, ou par actions ou par écrits contre le culte de l'Etat, punis comme les plus grands crimes. Telle fut surtout la morale et la politique de Rome aux beaux jours de sa gloire, et sa gloire ne s'éclipsa que quand l'impiété prévalut, et qu'avec la liberté de tout écrire naquit celle de tout oser.

Alors la ville éternelle tomba. Elle avoit résisté aux plus formidables armées, elle ne put résister aux assauts des novateurs et des sophistes; l'inondation des livres prépara celle des Barbares : le Capitole s'écroula, miné par l'athéisme impuni et hardi; et la maîtresse des nations, qui, après avoir tout vaincu, ne put plus se vaincre elle-même, disparut de dessus la terre.

Et aujourd'hui même, N. T. C. F., qu'on nous montre une seule nation de l'Europe, toute malade qu'elle est de son philosophisme et de ses vices, où les écrits obscènes et blasphématoires soient publiquement autorisés! qu'on nous la montre! Qui ne connoît pas ce royaume du Nord, où les auteurs et imprimeurs de pareils ouvrages sont condamnés à un perpétuel bannissement? tant ce délit se confond avec la félonie et ressemble à la sédition! Qui ne connoît pas les prohibitions rigoureuses faites à ce sujet dans les Codes récens de plusieurs Etats d'Allemagne? Ne voyons-nous pas l'Angleterre, que nous cherchons à imiter, d'accord ici avec la jurisprudence universelle : et la Suisse elle-même ne vient-elle pas de proscrire ces éditions fatales, qu'on ose parmi nous offrir au vice triomphant et à la vertu consternée? Les apôtres de la raison ont eu beau réclamer l'intérêt du commerce et de la librairie, on leur a répondu, comme nous répondrons aux partisans des Œuvres complètes, que l'esprit monarchique et chrétien vaut encore bien mieux que l'esprit mercantile; qu'un peuple ne se sauve pas plus par son commerce que par ses armées, mais par sa religion et ses principes; que nous avons bien assez de nos spéculations philosophiques pour corrompre les mœurs et ébranler les trônes, sans y mêler encore nos spéculations commerciales; et qu'il importe beaucoup plus à un État que les bonnes mœurs fleurissent aux dépens de la typographie, que si la typographie prospéroit aux dépens des bonnes mœurs : maxime souverainement raisonnable, quoiqu'elle ne soit pas moderne! C'est avec cette politique que les empires durent long-temps, et que les peuples vivent tranquilles et heureux : et nous savons tout ce qui nous en a coûté pour l'avoir oubliée, en tolérant le cours de ces livres empoisonnés qui, en portant la vie dans le commerce, ont porté la mort dans l'Etat.

Citerions-nous ici, N. T. C. F., une autorité bien peu respectable, à la vérité, pour les gens de bien, mais très-imposante pour les philosophes? c'est celle de leur patron même; c'est celle du sophiste génevois, qui, dans une de ses Constitutions qu'il adressoit au peuple souverain, du haut de son laboratoire, a mis la Religion à la tête de l'Etat, à *la charge, dit-il, de la croire, sous peine de bannissement, et de se comporter comme la croyant, sous peine de mort, pour avoir commis le plus grand des crimes et menti devant les lois :* tant il étoit persuadé qu'en vain on éleveroit un Etat, si la Religion ne lui servoit de base; et qu'inutilement il établiroit une Religion, si le premier impie pouvoit avoir le droit de parler ou d'écrire contre elle. C'étoit, sans doute, de sa part, une étrange contradiction et une folie de plus sortie de sa plume; et on aura toujours de la peine à comprendre l'inconséquence, aussi grossière que bizarre, d'un homme qui regardoit *comme le plus grand des crimes* une action, ou même un doute, contre une Religion à laquelle il donnoit naissance, et qui passoit sa vie à combattre la Religion dans laquelle il étoit né; qui vouloit qu'on punît de mort celui qui auroit écrit contre une Religion nouvelle, et qui passoit sa vie à blasphémer la Religion ancienne; qui portoit si loin la rigueur contre les ennemis d'*une religion humaine* qu'il établissoit de son autorité privée, et qui prostituoit son talent à combattre la Religion divine qu'il trouvoit établie. Mais plus l'inconséquence du maître saute aux yeux, plus elle est concluante contre les disciples, et plus nous avons le droit de la leur opposer. Ecoutez-le donc, éditeurs, imprimeurs et colporteurs de ses OEuvres complètes : *Qu'il soit banni de l'Etat*: et vous encore, ses fauteurs, prôneurs, lecteurs et admirateurs, écoutez donc votre sentence : *Qu'il soit puni de mort*. Et c'est un des oracles du siècle qui a prononcé cet arrêt; et vous ne voyez pas qu'en l'imprimant et en le publiant, vous scellez de vos propres mains votre condamnation et votre honte?

Ah! qu'on ne les punisse pas de mort! ce peut bien être le vœu de notre faiseur de constitutions romanesques; ce n'est point celui d'une Religion toute miséricordieuse, qui ne cherche pas à perdre le corps, mais à sauver l'ame; et qui, suivant la parole du Prophète, ne demande pas la mort du pécheur, mais sa conversion et sa pénitence. Ce n'est pas le vœu des Ministres de Jésus-Christ, qui ne peuvent jamais punir que pour le bien et l'utilité des coupables, comme ils ne font des instructions et des condamnations que pour éclairer les esprits et épargner à l'Etat de nouveaux malheurs, en excitant sa vigilance.

C'est dans ces sentimens de douceur et de charité, dont l'Eglise a toujours été animée, et qui seront aussi toujours dans notre cœur, que le Clergé de France, assemblé à Paris en 1757, demanda au Roi l'abolition de la peine de mort portée par la loi de la même année contre les auteurs des livres impies : ce qui n'empêcha pas les philosophes de crier, suivant leur style accoutumé, contre l'intolérance et la persécution. Mais, en donnant cet exemple de modération, qui fut toujours dans son esprit, et tout en obtenant la suppression de cette peine capitale contre ces écrivains coupables, il n'en réclama qu'avec plus de force contre l'impression et circulation de leurs OEuvres ; et il ne dit que plus hautement que, s'il n'étoit pas dans son vœu qu'ils payassent de leurs têtes leurs odieuses provocations et leurs doctrines criminelles, il demandoit au moins qu'ils ne pussent marcher tête levée, braver impunément le Ciel, insulter sans aucun risque, comme aujourd'hui, à la Religion de l'Etat et à la morale publique, et que, si le gibet n'en devoit plus faire justice, ce fût au moins l'indignation universelle et le mépris du genre humain.

On nous dira peut-être que les écrivains impies *ne mentent plus devant les lois,* puisque les lois ne font plus de leur licence *le plus grand des crimes*. Nous répondrons à cela que, dans cette supposition même qu'il nous est bien triste d'admettre, des ames honnêtes et des hommes soigneux de leur réputation et du bien public ne se prévaudroient point ici du silence de la loi, parce qu'il n'est pas toujours permis de faire ce que la loi ne punit pas, et que ce n'est pas la loi qui fait la morale, mais la morale qui fait la loi. Nous répondrons que, si les écrivains impies ne mentent plus aujourd'hui devant les lois, ils mentent à Dieu et à l'univers. Ils mentent aux mœurs publiques qu'ils insultent; à l'Etat dont ils ébranlent les fondemens; au Roi, dont ils avilissent la majesté; à la société entière dont ils préparent la décadence et la ruine. Nous répondrons que, si les livres blasphématoires ne sont plus proscrits par les lois, ils sont flétris et réprouvés par la loi éternelle, contre laquelle ne peut prescrire aucune loi, et qui abroge en dernier ressort toutes les lois qui sont contre elle; qui seule supplée à l'insuffisance de toutes les autres;

qui parle en souveraine, quand toutes les autres se taisent; qui vit toujours, quand toutes les autres périssent; et qui ne donne pas plus à un Etat le droit de se détruire lui-même, en ne réprimant pas l'impiété audacieuse, toujours prête à le dévorer, qu'elle ne donne à l'homme le droit d'attenter à sa propre vie ou à celle de ses semblables.

Qu'ils cessent donc de nous parler de leurs droits naturels, de la liberté illimitée de publier leurs opinions, et de la propriété inviolable de leurs pensées. Qui doute donc que leurs pensées ne leur appartiennent et même exclusivement? et qui songe à les troubler dans cette horrible possession et ce honteux domaine? Mais, s'ils veulent à toute force jouir de l'entier et plein exercice de leurs droits naturels, qu'ils aillent se réfugier dans les bois, et qu'ils portent leurs presses chez les Sauvages : et c'est bien là aussi que les envoie leur maître pour contempler son homme favori, *l'homme de la nature,* dans toute sa dignité. Là, ils pourront jouir sans frein et sans censure du droit naturel de parler et d'écrire, et même de s'égorger les uns et les autres; du droit de commercer de leurs pensées, et même de se voler les uns les autres; du droit de faire des éditions complètes, et même de vivre sans lois comme sans Dieu. Mais, tant qu'ils seront dans un pays civilisé, au sein d'une nation qui se respecte elle-même, d'un gouvernement qui connoît ses vrais intérêts et veille à sa conservation, ils seront obligés de se taire quand leurs opinions seront dangereuses, et de ne point écrire quand leurs maximes seront licencieuses; ils ne pourront pas plus imprimer des blasphèmes contre la Religion, que des libelles contre le Roi; ni ébranler le trône sourdement par des doctrines meurtrières, que de tenter de le renverser par des moyens violens.

Mais que disons-nous, N. T. C. F., et n'entendons-nous pas ici le Seigneur nous dire par son Prophète : *Passez aux îles de Cethim, et voyez ce qui s'y fait : envoyez à Cédar, et voyez si vous y trouverez quelque chose de semblable* (1)? Voyez si ces pays barbares permettront que l'on change leurs dieux, ou qu'on les outrage; que l'on renverse leurs autels, ou qu'on leur insulte; qu'on attaque leur culte, ou que l'on s'en moque, et que chacun puisse employer les ressources de son esprit à rendre leurs idoles ou ridicules ou méprisables. Ils se trompent sans doute, en les reconnoissant pour des divinités dignes de leurs hommages; mais ils ne sont pas assez inconséquens ni assez insensés pour laisser avilir ces mêmes autels sur lesquels ils les ont placées, et sans doute qu'ils sont bien moins absurdes et bien moins méprisables que ce peuple prétendu éclairé qui reconnoît le Dieu vivant, et qui a pour lui bien moins de crainte et de respect que l'idolâtre pour ses dieux de boue. *Portes du Ciel, désolez-vous,* ajoute le Prophète, *et soyez inconsolables, car mon peuple a fait deux maux : il m'a abandonné, moi qui suis une fon-*

---

(1) Jerem. II, 10.

taine d'eau vive, pour se creuser des citernes ruinées qui ne peuvent retenir l'eau (1). Voilà, N. T. C. F., ce que nous avons fait, ou ce qu'on voudroit faire de nous; voilà ces bourbiers infects, ces sources de corruption qu'on se propose de répandre encore au milieu de nous; voilà ces *citernes ruinées* qui ne peuvent contenir l'eau, ou n'en retiennent qu'une putride, croupissante, d'où s'exhale une odeur de mort; voilà ces viles idoles et ces oracles imposteurs que l'on propose à notre admiration, et contre lesquelles on voudroit que la France *échangeât sa gloire* : idoles plus abominables que celles de Baal et de Moloch, puisqu'on ne peut leur plaire que par les sacrifices de la pudeur, de la morale, de la patrie et de la Religion; cette source d'eau vive qui n'a rien que de pur, et dans laquelle viennent également pour se désaltérer les esprits les plus grands comme les ames

---

(1) Jerem, 11, 13.

les

les plus simples; qui *fait la santé des empires* (1), et à laquelle la France principalement doit quinze siècles de grandeur, de prospérité et de gloire. *Populus verò meus mutavit gloriam suam in idolum* (2).

Et que pourroit-on dire pour justifier cette coupable idolâtrie et ce culte insensé? et quel est donc leur titre pour leur prodiguer tant d'encens? Est-ce l'éclat de leurs talens? Mais c'est l'usage des talens, et non leur éclat, qui les rend estimables. Sont-ce les grands services qu'ils ont rendus à la langue et aux lettres? Et que nous importe la pureté du style, quand elle est aux dépens de la pureté des mœurs, et qu'elle n'est achetée que par des vices et des scandales? Est-ce la beauté de leur génie? Et les démons sont aussi des génies. Est-ce la gloire qu'ils répandent sur l'esprit humain? Ils en ont fait la honte, et n'en ont prouvé que la foiblesse. Est-ce

---

(1) Prov. vi, 26.
(2) Jerem. ii, 11.

l'éclat de leurs vertus? Il n'y a point de vertus sans morale, et ni l'un ni l'autre n'en ont eu. Est-ce l'honneur qu'ils font à la Nation? Malheur à la Nation qui s'honoreroit de pareils corrupteurs! malheur au peuple auquel on proposeroit de pareils modèles! malheur à la France qui les a vus naître, et malheur au siècle qui les réimprime!

Ah! si, au lieu de rouvrir encore parmi nous ces sources empoisonnées, ces citernes sans eau, dont parle le Prophète Jérémie, ces réservoirs fétides de tant de turpitudes morales et de folies politiques, creusés par des génies malfaisans, on eût mis le même art et la même industrie à publier et à répandre les magnifiques productions de ces génies vraiment dignes de ce nom, et tous ces trésors d'éloquence et de raison, légués à la postérité par les grands hommes du grand siècle, quelle reconnoissance n'auroient pas eue pour de semblables éditeurs tous les amis de la vertu et de la saine littérature, et que de vœux n'aurions-nous pas faits pour le succès d'une si louable entreprise? Combien est grande la distance de ces écrivains immortels que la Religion avoue, et dont elle s'honore, à ces héros de l'impiété dont la philosophie se vante! Et quelle immense supériorité n'ont-ils donc pas sur ceux-ci, ces hommes dont la plume fut toujours chaste, le goût toujours pur, les intentions toujours droites, et le jugement toujours sain! Là, les vertus marchent ensemble avec les lumières, les exemples avec les leçons, et la dignité de leurs écrits répond à la dignité de leur vie. Ils ne traitent pas les choses les plus sérieuses de la manière la plus frivole, comme Voltaire; ils ne combattent pas le vice avec des armes qui font rougir la vertu, comme Rousseau. Là, vous ne trouverez pas une seule instruction qui ne soit profitable, une seule pensée qui ne soit raisonnable, une seule maxime dont les mœurs aient à rougir, un seul principe dont la passion puisse abuser; là, l'autorité y est éclairée bien plus que contredite; les Rois y sont repris avec courage, et non régentés avec insolence; et, lors même que les impies y sont foudroyés, l'horreur et l'indignation qu'ils inspirent ne nuisent jamais à la décence et au bon goût; là enfin tout porte à la conviction, parce que tout en sort; tout y éclaire l'esprit en même temps que tout élève l'ame; de sorte qu'on ne sait si c'est la majesté de la Religion qui ajoute le plus à celle de leur génie, ou si c'est la majesté de leur génie qui ajoute le plus à celle de la Religion. C'est ainsi que se présentent à notre admiration tous ces sublimes orateurs de la Chaire sacrée, et tous ces profonds moralistes qui ont marché sur leurs divines traces, et même tous ces poètes du premier ordre que nous pourrions citer ici : tant ils se sont montrés aussi supérieurs en talens qu'irréprochables dans leurs principes! Ah! voilà les auteurs qu'il faut louer, qu'il faut imiter, qu'il faut réimprimer comme l'honneur de notre patrie et l'ornement de l'esprit humain; voilà les hommes dont nous pouvons dire avec autant d'orgueil que de reconnoissance qu'ils appartiennent véritablement à la France, et font la gloire de la Nation : *Laudemus vivos gloriosos* : et non ces deux modernes beaux esprits qui n'ont racheté par aucune espèce de bien l'horrible abus de leurs talens, dont la Patrie ne peut se rappeler le nom sans se rappeler les écarts; qui n'ont voulu faire briller leur esprit qu'aux dépens de la vérité, et n'ont cherché la célébrité que dans le bruit, et le bruit que dans nos désastres. Empedocles nouveaux, qui, pour aller à l'immortalité et à la gloire, ne se sont pas jetés dans le gouffre, mais nous y ont précipités nous-mêmes.

Leurs admirateurs passionnés nous diront sans doute que nous sommes injustes envers eux, et que nous manquons au respect qui est dû à de si grands talens. Ah! plût à Dieu qu'ils ne se fussent jamais manqué à eux-mêmes! plût à Dieu qu'ils n'eussent jamais manqué à tout ce qu'il y a de plus saint et de plus sacré sur la terre! Mais les philosophes voudroient-ils donc que leurs maîtres pussent se déshonorer sans conséquence pour leur gloire? Et comment pourroit-on exiger que nous traitassions honorablement celui qui a été excommunié par ses propres concitoyens comme leur corrupteur; et que nous accordions un refuge hospitalier aux ouvrages d'un homme qui a été chassé de sa propre Patrie comme en faisant la honte, et de son Eglise comme indigne d'en être membre.

D'ailleurs, ce respect est-il donc si inviolable que l'on n'en doive aucun à la justice, à la morale et à la vérité? et les égards et les ménagemens ne sont-ils donc que pour des hommes audacieux qui n'ont rien ménagé? Et pourquoi ne mépriserions-nous pas deux hommes qui n'avoient l'un pour l'autre qu'un souverain mépris, et qui s'étoient voué la haine la plus invétérée et la plus cordiale? pourquoi serions-nous plus obligés de les estimer, qu'ils ne se sont estimés eux-mêmes, et serions-nous plus généreux et plus réservés à leur égard, qu'ils ne l'ont été l'un pour l'autre? pourquoi ne leur ferions-nous pas les mêmes reproches qu'ils se faisoient mutuellement, l'un de pervertir sa patrie, et l'autre de pervertir le genre humain? De sorte que, pour apprendre à mépriser Voltaire, on n'a besoin que d'écouter Rousseau; et que, pour apprendre à mépriser Rousseau, on n'a besoin que d'écouter Voltaire.

Combien nous regrettons que la gravité de notre ministère ne nous permette pas de mettre sous vos yeux les invectives solennelles et les injures réciproques qu'ils se sont adressées. Non! jamais le philosophe de Ferney n'a dit plus de mal des prêtres, n'a vomi plus d'injures contre les Papes, plus de grossières calomnies contre les Pères de l'Eglise, qu'il n'en a dit contre l'auteur d'*Emile;* et jamais il ne s'est emporté avec plus de fureur contre la *Bible* que contre le *Contrat social*. Jamais non plus nous ne dirons autant de mal des philosophes modernes, qu'en a dit le philosophe génevois; et jamais nous n'en dirons autant de lui, qu'il n'en a dit de lui-même; et nous rougirions de rapporter ici les crimes honteux dont il s'accuse, et dont il se confesse à la face du ciel et de la terre; la Providence l'ayant ainsi permis, pour qu'ils ne puissent pas se plaindre de n'avoir pas été jugés par leurs pairs, et afin que, par un arrêt irrévocable et sans appel, ils justifiassent eux-mêmes ces paroles de l'Ecriture, *qu'en se vantant d'être des sages, ils n'étoient que des insensés.*

Que l'on cesse donc de nous dire que nous sommes les calomniateurs de ces grands hommes, et qu'il y a dans l'éloignement et l'horreur que nous inspirons pour eux, autant d'injustice que d'ingratitude. Mais leur prêtons-nous des blasphêmes qu'ils n'ont pas proférés, ou d'indignités qu'ils n'ont pas faites? Avons-nous donc falsifié leurs correspondances et dénaturé leurs lettres confidentielles? avons-nous supposé ce dépôt authentique de leur perversité, dont la Providence a trahi le secret, et dont, par cela seul, elle a fait la plus éclatante justice? et comment y auroit-il donc de l'injustice à les peindre non-seulement tels qu'ils ont été, mais encore tels qu'ils ont voulu paroître?

Les zélateurs des OEuvres complètes ne se croient pas sans doute eux-mêmes, quand ils nous disent que l'on a abusé des principes de leurs patrons, et que c'est l'ignorance qui les a mal compris. Mais est-ce donc merveille qu'on abuse, lorsqu'il est impossible de ne pas abuser? Quand on exalte les passions, ne faut-il pas que les passions s'enflamment? quand on échauffe les esprits, ne faut-il pas que les têtes se dérangent? quand on rompt toutes les digues, ne faut-il pas que les torrens se débordent? et quand on lâche la bride à un coursier fougueux, ne faut-il pas qu'il s'emporte, et qu'il renverse tout ce qui s'oppose à son passage? Qui donc avoit pu promettre à ces sages par excellence qu'ils dirigeroient à leur gré les orages et les tempêtes; après les avoir déchaînés? et comment des hommes qui n'écrivoient qu'avec leurs passions, leur haine et leur fanatisme, pouvoient-ils se flatter que leurs adeptes n'agiroient qu'avec prudence, discrétion, retenue et sagesse?

Qu'a-t-on d'ailleurs, N. T. C. F., mal entendu dans leurs écrits? et comment l'ignorance a-t-elle donc pu s'y méprendre? Sont-ce donc leurs paroles ou leurs intentions que l'on a mal comprises? cette haine furieuse contre le christianisme, qui n'avoit point de bornes, ainsi que jusques alors on n'en avoit point vu d'exemples, n'étoit-elle qu'un jeu où le cœur n'avoit point de part? A-t-on mal expliqué ce mot épouvantable, cet infâme et éternel refrain qui terminoit toutes ses lettres, et que notre plume se refuse de retracer ici? et cet ordre signé de Satan, d'*écraser la Religion à quelque prix que ce soit*, n'étoit-il qu'un simple conseil dont on a mal saisi ou l'esprit ou la lettre?

Mais les principaux chefs qui ont conduit le char de la révolution à travers une mer de crimes et de sang étoient-ils des ignorans? n'ont-ils pas fait preuve, au contraire, d'habileté et de suffisance? et ces hommes savans, et ces hommes habiles n'ont-ils pas fait honneur de leurs affreux succès à nos deux coryphées de la philosophie? ne leur ont-ils pas décerné des couronnes civiques? n'ont-ils donc pas chanté des hymnes à leur gloire, parmi les chants de mort?

ne les ont-ils pas portés en triomphe et installés à travers les furies, parmi les dieux ou les démons du temple des *grands hommes*? la Providence le permettant encore, afin que les auteurs des OEuvres complètes fussent déshonorés par leurs propres commentateurs; qu'il ne restât plus aucun doute sur le sens de leurs principes; que rien ne manquât plus à leur honte et au décri de leur mémoire, et qu'ils ne fussent pas moins flétris et confondus par leurs propres triomphes que par leurs propres ouvrages.

Et remarquez, N. T. C. F., l'inconséquence de ces grands prédicans d'humanité et de tolérance. C'est au moment où ils prétendent avoir le droit d'imprimer tout ce que bon leur semble contre la Religion et ses Ministres, sans être retenus par aucun frein, ni repris par aucune censure; c'est alors qu'ils voudroient interdire aux premiers Ministres de la Religion le droit, sinon de parler, ce qui arrivera peut-être bientôt, mais celui de se plaindre; c'est alors qu'ils transforment nos doléances en injures, nos réclamations en persécutions, notre défense en attaque, notre affliction en diffamation, et notre vigilance en fanatisme. Quoi! ils auront le droit de répandre le poison, et nous n'aurons pas celui de répandre l'antidote? Ceux qui pervertissent les peuples en seront les bienfaiteurs? et quand nous voudrons garantir les fidèles confiés à nos soins des maux qui les menacent, comme des piéges qu'on leur tend, nous serons des agresseurs, des ennemis de la concorde et des perturbateurs du repos public? Quel incroyable renversement d'idées! Héritiers en cela de l'esprit de leurs patrons, qui, persécutant à outrance et attaquant les préjugés de toute la terre, ne pouvoient souffrir qu'on censurât une seule de leurs erreurs; qui entroient en fureur toutes les fois qu'on les condamnoit comme impies, tout en se faisant gloire de l'être; despotes intolérans autant qu'intolérables, qui mirent à défendre leurs opinions le même emportement que les enthousiastes et les hérésiarques de tous les temps à défendre leurs dogmes, et auxquels il ne manqua que des armées à leurs ordres pour faire dans leur siècle ce que les derniers réformateurs firent dans le leur; ce qui faisoit dire à un Roi célèbre, proclamé par les philosophes eux-mêmes le Salomon du Nord : *Grand Dieu! comment tant de génie peut-il donc s'allier avec tant de perversité?*

Ce n'est pas tout, N. T. C. F., et leur audace s'accroît de plus en plus, et *leur orgueil,* pour parler avec le Sage, *monte sans cesse* (1). Après nous avoir disputé jusqu'au droit de nous plaindre, ils prétendent encore nous enlever celui de condamner les livres les plus condamnables; et si, à leurs yeux, nos réclamations sont des provocations, nos censures sont des proscriptions, et nos anathêmes des usurpations, réservant aux seuls magistrats le privilége d'être juges de la morale : comme si nous n'étions pas les gardiens, les interprètes et les sentinelles de la morale, ainsi que les magistrats en sont les protecteurs et les vengeurs. Et en effet, l'on conçoit

---

(1) Eccl. xvi, 7.

assez comment des hommes qui croient que Dieu ne peut régner sur la terre que comme ils le veulent, et quand ils le veulent, et jusques à quand ils le voudront, ne se croiroient-ils pas avoir le droit de faire à ses ministres la part de leur autorité? et comment ne nous demanderoient-ils pas compte de nos Mandemens, eux qui lui demandent compte de ses arrêts, et même de ses secrets? Ainsi l'épiscopat ne seroit plus qu'un fantôme sans autorité, un vain nom sans réalité: nous n'aurions pas plus de droit de veiller au dépôt de votre foi qu'à la sûreté de votre salut: nous ne pourrions pas dire publiquement aujourd'hui, avec le Sauveur du monde : Qui vous écoute, m'écoute; et que celui qui n'écoute pas l'Eglise soit regardé comme un païen et un publicain. Jésus-Christ lui-même, dont nous tenons notre mission, n'a donc pas pu appeler les Juifs rebelles, et ceux surtout qui faisoient les philosophes et les docteurs, *races de vipères et sépulcres blanchis*, tout couverts au dehors d'un vernis de belles paroles, et au dedans pleins de vers et de pourriture. Nous ne pouvons donc plus dire, dans nos Instructions pastorales, aux philosophes de nos jours, ce que saint Paul disoit, dans ses Lettres apostoliques, aux philosophes de son temps: *Arbres deux fois morts* à la vérité et à la vertu ; *nuées sans eau*, chargées de vents et de tempêtes; *astres errans*, qui, sans routes certaines, n'ont fait jusques ici que nous égarer et nous perdre dans un dédale sans issue. Ainsi les Evêques, dont les prédécesseurs ont assisté à la fondation de la monarchie, et qui, dans tous les temps, en ont été regardés comme les plus fermes colonnes et les conseillers-nés, devroient aujourd'hui se regarder comme étrangers à sa conservation et à sa gloire; et ceux qui sont tombés, avec tant de grandeur, en défendant ses derniers débris, auroient perdu le droit de la défendre des nouveaux coups que s'apprêtent à lui porter de nouveaux conjurés : nos prédicateurs mêmes ne pourroient plus tonner contre les vices et les scandales sans être taxés de témérité; et un de nos plus grands Rois n'auroit nullement connu les droits de sa couronne, quand il disoit de l'orateur sacré qui venoit de lui annoncer les vérités les plus courageuses : *Il a fait son devoir, faisons le nôtre.* Nous ferons donc notre devoir, N. T. C. F., et nous le ferons avec la certitude qu'il ne déplaira point à l'auguste héritier de Louis-le-Grand, et dans la pleine conviction qu'en réclamant ici contre une entreprise si fatale à l'Etat et à la Religion, nous ne servons pas moins ses intentions que ses intérêts, non moins l'Eglise que lui-même; et qu'en nous taisant dans cette occasion, nous ne manquerions pas moins à notre devoir d'Evêque qu'à notre devoir de sujet. Nous le ferons pour honorer la mémoire et pour rendre hommage aux sentimens du Roi-martyr, qui, dans sa triste captivité, reconnut douloureusement *que ces deux hommes avoient perdu la France* (1), et il auroit pu ajouter : Et préparé

— (1) C'est en visitant les archives de l'ordre de Malte, qui étoient au Temple, et y trouvant les OEuvres de

mon

mon échafaud. Nous le ferons, dussions-nous mériter les anathêmes des impies, en prononçant, avec l'Apôtre (1), *anathême à tous ceux qui n'aiment pas Jésus-Christ*, et plus encore à ceux qui le blasphêment ou qui impriment les blasphêmes : *anathême à ceux qui vous annonceroient un autre Evangile que celui que vous avez reçu* (2) : anathême à ces corrupteurs des nations, qui se font un jeu de leur perte et de leur ruine; qui n'ébranlent pas moins les bases de la morale que les fondemens des empires; et qui, uniquement sensibles aux intérêts de la *raison publique*, pensent que peu importe que les mœurs dépérissent et que l'Etat s'écroule, pourvu que la presse soit libre et que le commerce reste debout : anathême à ces propagateurs des OEuvres complètes, qui prétendent que la loi est la règle

---

Voltaire et de Rousseau, que Louis XVI dit ces paroles. (*Mémoires de M. Hue.*)

(1) Gal. vIII, 9.

(2) I. Petr. IV, 17.

de tout, même de la conscience, et que rien de ce qui blesse la conscience ne peut blesser l'honneur; et qui, loin de rougir de cette scandaleuse publication, nous disent, sans détour, qu'il n'y a ici de scandale public, que la censure et la condamnation que nous en faisons. *Anathema sit.*

Car c'est à ce point, N. T. C. F., que toutes les notions et toutes les idées reçues sont renversées. C'est le nouveau plan d'attaque et la nouvelle persécution que les impies vont substituer à celle d'où à peine nous sommes sortis; c'est cette science de l'oppression dont parle le Sage, laquelle se perfectionne chaque jour : mélange infernal de prudence et d'audace, d'astuce et d'impudence : *Sapienter opprimamus eum* (1). Et les impies l'ont dit aussi dans leurs conseils : Opprimons la Religion avec sagesse et avec art, et à une persécution ouverte substituons une guerre plus calculée et plus savante, dont les

———

(1) Exod. 1, 10.

effets seront d'autant plus sûrs, que les moyens en seront moins violens, *Sapienter :* n'osant plus l'attaquer par la force, persécutons-là par les livres; nous n'avons pu la vaincre en lui faisant des martyrs, faisons-lui des déserteurs par les écrits licencieux; et, puisque nous n'avons pas assez d'esprit pour en faire de nouveaux, reproduisons les anciens : servons-nous de son nom même, pour mieux la détruire; remplaçons les blasphêmes par les sophismes, et les outrages par les ironies : en lui portant les coups les plus mortels, caressons-la par de feintes louanges, de simulées concessions et d'offres hypocrites; proposons-lui la paix, et même une alliance; et, si elle répond que la vie ne s'allie pas avec la mort, Jésus-Christ avec Bélial, le Ciel avec l'Enfer, nous publierons partout que c'est elle qui déclare la guerre, et que chaque Instruction de ses Ministres, contre les mauvais livres, est un vrai manifeste : renfermons-les, autant qu'il est en nous, dans les Temples, puisque nous ne pouvons plus les en chasser, et enchaînons au moins leur zèle, si nous ne pouvons enchaîner leurs mains. S'ils ont des chaires dans leurs Eglises, ayons-en dans nos Athénées; et s'ils ont leurs prédicateurs, ayons nos professeurs; gardons-nous de les faire mourir, empêchons-les seulement de vivre Quand ils nous parleront de l'esprit de l'Evangile, parlons-leur de l'esprit du temps, qui ne peut plus rétrograder, et auquel il faut que tout cède; quand ils nous parleront des principes de la justice, opposons-leur les devoirs de la charité, qui doit tout supporter, même les dérisions et les outrages. Calomnions leurs intentions, si nous ne pouvons plus *désoler leur patience*; traitons-les d'incendiaires, s'ils cherchent à éteindre l'incendie que nous allumons; gardons-nous surtout de mettre encore leur foi à l'épreuve, pour ne pas même leur laisser le mérite de la résistance; et prenons si bien nos mesures, qu'il ne leur reste plus qu'une existence sans honneur, et une mort sans gloire : *Sapienter opprimamus cum.*

C'est à peu près la même persécution que

l'Eglise éprouvoit aux tristes jours de l'arianisme, et que le grand Hilaire de Poitiers déploroit si éloquemment, en s'adressant à l'empereur Constance. Plût à Dieu, s'écrioit-il, que nous fussions encore sous le règne des Néron et des Dioclétien! Mieux valoit la violente persécution dirigée alors contre le nom chrétien, que cette guerre sourde et déguisée que l'on nous fait maintenant. Avec combien plus d'avantage nous aurions combattu pour la défense de notre foi! Couverts de l'armure céleste, nous n'aurions craint alors ni les chevalets, ni les tortures, ni les brasiers ardens; nous aurions remporté des palmes glorieuses, et nos bourreaux du moins auroient été confondus par le courage de nos athlètes. Les peuples même, animés par notre exemple à confesser hautement la foi de Jésus-Christ, eussent aussi mis à profit les avantages d'une persécution ouverte. Mais aujourd'hui les échafauds sont remplacés par des piéges cachés, et les tortures par des embûches souterraines. Nous avons à combattre, non plus un tyran qui menace nos têtes, mais un ennemi perfide qui quelquefois nous flatte pour mieux nous endormir; et un persécuteur adroit, d'autant plus dangereux qu'il détourne ses coups, et ne cherche qu'à nous ôter ainsi les occasions de nous précautionner, et les moyens de nous défendre. *Nunc pugnamus contrà persecutorem fallentem, contrà hostem blandientem* (1).

Ainsi, N. T. C. F., et remarquez-le bien, à la persécution de la Religion va succéder aujourd'hui la persécution de la morale. Nous y sommes arrivés à cette fatale époque, où tous les principes moraux vont être renversés, ainsi que l'ont été tous les principes politiques; où le vice seul croit avoir le droit de pardonner, et où la vertu seule a besoin d'excuse; où tous les devoirs sont mis au rang des problèmes, et toutes les vertus au rang des préjugés; où les hommes sont mis à la place des principes, où la justice est appelée vengeance, et la défense de la vé-

---

(1) Lib. Conf. Const. imper. n. 1, 2, 3.

rité un esprit de parti; où l'indifférence se dit impartialité; où le mépris de tout est appelé tolérance; où la modération est toujours recommandée pour les devoirs et les saintes règles, jamais pour les désirs et les passions; où rien ne déshonore plus que la maladresse, et où il n'y a plus de crimes que les fautes qui peuvent nuire. C'est cette confusion dont parle le Prophète, qui ne met plus de distance entre le sacré et le profane, entre le juste et l'injuste, entre le permis et le défendu, entre un culte reçu et un culte étranger, entre une religion révélée et une religion inventée. *Inter profanum et sanctum non habuerunt distantiam* (1). Confusion sans exemple, qui fait que tout n'est plus qu'une opinion; l'athéisme une opinion, la sainteté du serment une opinion, le parjure et la trahison une opinion, le droit de propriété une opinion, la légitimité une opinion, la monarchie une opinion, et l'existence de l'Etat une opinion : de sorte

---

(1) Ezech. xxii, 6.

que l'opinion est la raison de tout et la réponse à tout, et que le sol sur lequel nous marchons, aussi mouvant et aussi mobile qu'elle, peut s'affaisser à chaque instant. Triste et déplorable fruit de ces livres philosophiques, où l'on prend le doute pour l'instruction, et l'incrédulité pour le asvoir; et où, à force d'attaquer tous les préjugés, on finit par ébranler toutes les certitudes : phénomène moral, d'autant plus alarmant qu'il n'alarme personne, et qui semble nous présager l'éclipse totale du soleil de la foi et de la vérité : nouvel abîme qui s'ouvre sous nos pieds, mille fois plus terrible pour nous que n'a été l'abîme de notre détresse, que la présence de l'étranger, que le dérangement des saisons et le débordement des fleuves, et d'où ni le commerce, ni les arts, ni les libraires, ni les doctes, ni tout le luxe des Œuvres complètes et posthumes, ne nous sauveront pas.

Ah! sans doute qu'on ne doit pas désespérer du salut de la Patrie, tant que nous aurons le Roi que Dieu nous a donné, la race légitime et les Princes augustes, modèles de tant de vertus; et à Dieu ne plaise que nous voulions ici vous alarmer par des terreurs exagérées, et la peinture de dangers plus redoutables qu'ils ne sont. Mais il n'en est pas moins vrai que la fausse confiance perd les Empires, comme elle perd les ames; et que, si nous avons des motifs de nous rassurer sur les miracles que Dieu a faits pour nous, nous n'avons pas moins à trembler sur les châtimens qu'il prépare à ceux qui en abusent. Il n'en est pas moins de notre devoir *de sonner la trompette* (1), et de dire : *Malheur à nous, si nous gardons un coupable silence* (2)! Et combien donc nos alarmes deviennent-elles plus fondées, quand nous voyons que les moyens d'amendement et d'instruction s'affoiblissent partout, tandis que partout se fortifient les moyens de dissolution et de licence; quand nous voyons une grande partie du Royaume

---

(1) Isaïe, LVIII, 2.
(2) *Ibid.* VI, 5.

dépourvue de Pasteurs, condamnée à cette déplorable famine de la parole sainte, vraie nourricière des esprits, sans laquelle nous n'aurons plus qu'une génération barbare, sans foi comme sans mœurs, et non moins étrangère à son Dieu qu'à son Roi. Et que seroit-ce encore, N. T. C. F., si l'on disoit à cette génération malheureuse que l'on a tort de la troubler dans son léthargique sommeil; que ses vrais amis sont ceux qui la flattent, et non ceux qui l'éclairent; et qu'on ne doit désespérer de rien, puisqu'on imprime en pleine liberté des OEuvres où l'on blasphême également et la foi de nos pères et la raison des siècles. Ah! c'est bien alors que le mal seroit sans remède, et l'abîme sans fond, et que s'accompliroit cet oracle de l'Apôtre : Ils parleront de paix, et la ruine arrivera; de sécurité, et, au moment où ils y penseront le moins, la foudre les réveillera : *Et cum dixerint pax et securitas, tunc superveniet eis repentinus interitus* (1).

---

(1) I. Thess. v, 3.

Et, maintenant, que l'on nous parle du progrès des lumières, de nos conquêtes littéraires, et de l'état florissant et prospère de notre civilisation! Eh! que sont donc les lumières dans un peuple corrompu, que de nouveaux moyens de se pervertir et de se corrompre davantage? Le progrès des lumières! quand le génie françois s'abâtardit, que les lettres sont aussi pauvres et aussi dégénérées que la morale; quand tout atteste, parmi nous, la stérilité des talens et la pénurie des arts, et que l'ange exterminateur a déjà scellé parmi nous le livre de la science, en punition de l'abus que nous en avons fait : le progrès des lumières! quand nous sommes encore aux premiers élémens de la politique; quand, après un quart de siècle, nous sommes encore à nous débattre dans nos assemblées publiques pour savoir ce que c'est que la liberté des opinions et celle des personnes; quand nous sommes à peine initiés dans l'art d'une bonne éducation, d'une bonne législation, d'une bonne constitution : mots mystérieux, que nous entendons d'autant moins que nous y revenons davantage. Quoi donc! confondrions-nous quelques découvertes, amenées par le temps ou par le hasard, avec les vraies lumières sociales, qui ne dépendent ni du hasard ni du temps? prendrions-nous notre curiosité inquiète pour l'étendue de notre esprit, et pour amour de la vérité l'art funeste de tout mettre en question, de tout corrompre avec des mots? Quelle idée vraiment utile et grande est donc sortie de tous nos alambics, de tous nos ateliers de morale et de politique? et la société, pour être refondue dans nos laboratoires, s'en trouve-t-elle mieux? nos guerres, pour être plus savantes, en sont-elles plus justes? et nos arts, appliqués à nos tactiques militaires, qu'ont-ils donc fait, que de les rendre plus sanglantes et plus dévastatrices? et certes, pour avoir perfectionné quelques instrumens d'optique, y voyons-nous plus clair dans la science de nos devoirs? en mettant plus d'art et de symétrie dans nos parcs et dans nos jardins, y a-t-il plus d'ordre et de bonheur dans nos familles? et, pour réparer avec plus de soin nos grandes routes, en sommes-nous plus dans le droit chemin? tous nos systêmes et nos calculs nous ont-ils sauvés d'un seul écart, d'une seule folie, d'un seul désastre? ont-ils donc détruit une seule maison de jeu, un seul lieu de prostitution et de scandale? Depuis que nous nous mêlons du gouvernement des insectes, avons-nous mieux appris l'art de nous gouverner nous-mêmes? pour avoir embelli nos édifices publics, les pauvres en sont-ils mieux logés et mieux nourris dans leurs tristes demeures? pour avoir fait quelques réformes dans nos prisons, les détenus en sont-ils moins vicieux et leur nombre en est-il moins grand? et parce que nous avons multiplié nos muséums et nos lycées, la jeunesse en est-elle moins licencieuse, moins impatiente de tout frein, et moins prête à s'affranchir tout à la fois et de l'autorité des pères et de l'autorité de Dieu? Et n'est-il donc pas évident qu'en devenant plus raisonneurs, nous ne faisons que prouver davantage cette parôle de l'Esprit saint : *Que le nombre des fous n'a plus de bornes* (1). Le progrès des lumières! quand le flambeau de la philosophie n'a été jusqu'ici qu'une torche incendiaire qui, après avoir mis le feu à la maison, menace encore de le mettre aux quatre coins de l'Europe; quand, jusqu'à présent, nous n'avons su parfaitement que démolir sans fin, qu'entasser ruines sur ruines, et nous applaudir encore, nous pavanant sur ces vastes débris; semblables à ces enfans qui ne se réjouissent jamais plus que quand ils brisent les frêles édifices qu'ils avoient élevés pour leur amusement. Le progrès des lumières! Ah! parlons plutôt des progrès d'une dépravation sans exemple, qui déconcerte les tribunaux et épouvante les magistrats; parlons des progrès des suicides, des empoisonnemens, des parricides, et autres forfaits inouis dans l'histoire des crimes, dont nos papiers publics sont souillés à chaque page, et auxquels nous sommes tellement familiarisés, qu'ils ne font pas plus d'impression

(1) Eccli. 1, 15.

sur les lecteurs que ces nouvelles éphémères qui, nous amusant aujourd'hui, sont oubliées le lendemain. Ah! périssent les lumières, s'il faut les acheter à un tel prix, et les acquérir aux dépens de tout ce que nous avons été et de tout ce que nous devons être. Non, ce n'est point la science ni les progrès de l'industrie qui peuvent assurer le sort d'un peuple, mais sa morale et ses vertus. C'est le bon sens *utile à tout comme la piété*, c'est l'honneur, c'est la probité, c'est l'élévation du caractère, c'est le respect pour les aïeux, c'est le respect pour les autels, c'est enfin la science de nos devoirs et l'amour de la Religion, qui font la grandeur d'un Etat, et tout le reste n'est que chimère, *vanité et affliction d'esprit, concupiscence des yeux et orgueil de la vie* (1). Voilà les lumières qu'il faut cultiver, qu'il faut chérir, et dont un peuple peut se vanter à juste titre : voilà les lumières des nations fortes et robustes qui bravent à la fois et les armées et le

---

(1) I. Jean, II, 16.

temps; et non ces feux errans et ces phosphores vains de la philosophie, qui n'éclairent un instant que pour laisser après eux des ténèbres plus profondes; et non ce luxe de perfection toute matérielle, qui ne peut qu'appauvrir l'intelligence au lieu de l'exercer; et non ces futiles conquêtes de l'esprit, qui ne nous ont pas plus profité que nos conquêtes guerrières; et non ces prétendues victoires sur les préjugés, dont nous n'avons pas plus à nous applaudir que de nos victoires sur les étrangers; et non ces théories et si profondes et si creuses, qui jusqu'ici ne nous ont promenés que d'erreurs en erreurs, de folies en folies, d'opprobres en opprobres.

Méfiez-vous donc de plus en plus, N. T. C. F., de ce grand mot, rebattu jusqu'au ridicule et répété jusqu'au dégoût, du progrès des lumières, qui ne sauroit en imposer qu'aux simples; et n'oubliez jamais que plus un siècle parle de lumières, et moins il en a. Sauvez-vous de plus en plus de cette nuée de régénérateurs, de refondeurs, de metteurs en œuvre, qui ne trou-

vent

vent rien de bon que ce qui est neuf, et veulent tout refaire, jusqu'à la pensée. Sauvez-vous de ce nouveau déluge de livres, qui finira bientôt par la submersion totale de l'esprit humain : gardez-vous surtout de ces funestes éditions que l'on vient encore ajouter aux trésors de vos lumières ou de vos malheurs. Et que vous faut-il donc de plus pour vous les rendre à jamais méprisables, que de songer aux sales mains dont elles sont sorties et aux maux effroyables qu'elles vous ont coûtés ?

Amis de la raison et du bon sens, gardez-vous de ces OEuvres complètes, dont l'auteur nous apprend qu'elles ont été composées pendant *dix ans de fièvre et de délire*, et qui étoit d'autant moins étonné que les autres ne les entendissent pas, qu'il avouoit ne pas les entendre lui-même; de ces OEuvres où l'utile est toujours sacrifié à l'agréable, et le grand au frivole; où les sophismes et les subtilités ne peuvent que fausser votre jugement, et où même vous pourriez oublier ce qu'il peut s'y trouver de bon et de raisonnable, sans conséquence pour votre bonheur, votre vertu, et votre véritable instruction.

Amis de votre Patrie, gardez-vous des OEuvres complètes de ce mauvais François, qui toujours loua nos rivaux aux dépens de notre gloire; et de celles de ce démagogue effréné, citoyen sans Patrie, qui ne vous apprendroit qu'à mépriser la vôtre : non moins propres tous les deux à éteindre en nous les sentimens d'amour et de fidélité que nous devons à nos maîtres; l'un en calomniant toutes les institutions sociales, et l'autre en ravalant les mœurs et les institutions françoises.

Amis des bonnes mœurs, gardez-vous des OEuvres de ce poète ordurier, qui a fait d'un chef-d'œuvre de saleté le chef-d'œuvre de son talent; tant l'amour du vice lui étoit naturel! et de celles de ce romancier systématiquement pervers, qui, de son propre aveu, n'a jamais écrit que *quand il étoit passionné*; qui prétend corriger les passions par la plus dangereuse et la plus violente de toutes, et les mauvaises mœurs par un ouvrage qui, encore de son propre aveu, ne peut que les corrompre; aveu inconcevable, et opprobre éternel d'un homme qui, compromettant ainsi et l'honneur des familles et l'innocence des jeunes cœurs, ne s'en croit pas moins quitte envers Dieu de tout compte, et envers les hommes de tout blâme, pourvu que l'on admire son style, et que l'on vante sa hardiesse à baffouer le genre humain.

Amis de la saine littérature et des bonnes études, gardez-vous des Œuvres complètes, qui, sous le rapport même des talens, ne seront jamais des modèles classiques, et dont les auteurs, à force de porter leur esprit partout, n'ont porté leur génie nulle part; de ces Œuvres où vous ne trouverez ni la belle éloquence, parce qu'il n'y en a point sans raison et sans vérité; ni le vrai goût, parce qu'il n'y en a point sans la décence et la modération; ni les véritables grâces, parce qu'il n'y en a point sans la réserve et la pudeur; ni les pensées véritablement grandes, parce que la nature n'a pas voulu qu'elles germassent dans les cœurs vicieux, et qu'elle a mis une telle harmonie et une telle affinité entre le beau et l'honnête, entre la grandeur du génie et la grandeur de l'ame, que l'une ne va jamais sans l'autre. Ah ! n'oubliez jamais que s'amuser ce n'est pas s'instruire ; qu'apprendre à tout mépriser, ce n'est rien apprendre ; que douter de tout, ce n'est rien savoir ; et qu'il n'y a qu'une route pour aller au beau, ainsi qu'il n'y en a qu'une pour aller au vrai, la Religion, source éternelle de toute vérité et de toute beauté.

Amis de la Religion, gardez-vous de ces OEuvres complètes, où elle est partout avilie, calomniée, défigurée ; où ses grands bienfaits sont présentés comme des fléaux, où on qualifie de barbare celle qui nous a tirés de la barbarie, et qui peut seule nous empêcher d'y retomber ; où chaque citation contre elle est un mensonge, où ses Mystères sont traités de visions, ses miracles d'impostures, ses martyrs de fanatiques, ses docteurs d'ignorans, ses défenseurs de persécuteurs, et ses persécuteurs les plus cruels et les plus flétris dans l'Histoire, d'hommes humains, dignes non-seulement de notre admiration, mais encore de notre reconnoissance; et où, pour comble d'impiété et de perfidie, les moyens d'attaque sont tellement combinés, qu'on ne sait ce qui peut lui nuire davantage, ou des éloges ou des outrages, ou des concessions hypocrites qu'on lui fait quelquefois, ou des traits violens qu'on ne cesse de lui lancer.

Pères et mères, gardez-vous de ces OEuvres complètes, où l'on met en principe que les enfans n'ont pas besoin de Catéchisme; et qu'il faut se garder de leur parler de Religion et de leur apprendre à aimer Dieu, avant qu'ils aient jugé à propos de le reconnoître par eux-mêmes; comme si le sentiment de la Divinité pouvoit être trop tôt inspiré, et que Dieu fût de trop dans les premières tempêtes de la vie! Education insensée et barbare, qui prend à contre-sens toute la nature de l'homme; système monstrueux, et digne de celui qu'aucun père n'auroit voulu avoir pour fils, et qu'aucun fils n'auroit voulu avoir pour père! et faut-il donc être surpris que cet étrange éducateur n'ait jamais fait qu'un seul élève, et que cet élève ait été le désespoir de sa famille et le déshonneur de son maître?

Et vous, nos très-chers Coopérateurs, vous nous seconderez de tout votre pouvoir dans cette nouvelle ligue qui se forme contre le Seigneur et contre son Christ, en inculquant bien avant dans le cœur de vos ouailles ces importantes vérités. C'est la leçon continuelle que vous leur donnerez dans ces jours de délire et d'obscurcissement, où tout tend à surprendre votre vigilance ou à lasser votre courage. Plus l'impiété met d'activité à répandre ses Œuvres, plus vous mettrez d'ardeur à multiplier vos instructions, et plus vous surveillerez ces maisons d'éducation que l'on cherche à empoisonner. Vous vous rappellerez surtout qu'après avoir tenté de corrompre nos écoles, cette impiété barbare tente encore de pervertir jusqu'aux hameaux, et qu'en ce moment même, elle annonce, sans crainte comme sans pudeur, une édition intitulée : *Voltaire des chaumières*. Scandale inouï, qui met le comble à tous les autres, et contre lequel vous ne sauriez vous élever avec trop de force, ni garantir avec trop de soins les troupeaux confiés à votre sollicitude. *Voltaire des chaumières!* Grand Dieu! où allons-nous, et quel nom donner à ce siècle? Que peut-il donc y avoir de commun entre tant de contes frivoles ou de romans impies, et ces tristes réduits du travail et de l'indigence? Quelles vertus, quelles consolations, et quels motifs de résignation et de patience pourront-ils inspirer à tous ces malheureux qui arrosent les sillons de leurs sueurs et de leurs larmes? et avec quelle nouvelle ardeur ne devez-vous pas signaler ce nouveau loup, qui cherche à s'introduire dans vos bergeries pour les ravager, et porter la désolation et la mort.... *dans les chaumières!*

Que de choses, N. T. C. F., n'aurions-nous pas encore à vous dire, et que de tristes réflexions n'aurions-nous pas encore à faire, si nous suivions ici toute l'impulsion de notre zèle, et si nous pouvions nous livrer à tous les sentimens d'affliction et d'amertume dont notre cœur est affecté. Mais nous savons, avec le Sage, qu'il y a un temps pour parler et un temps pour se taire (1); nous savons, avec saint Paul, que *tout ce qui est bon n'est pas expédient* (2); et que, comme il y a une prudence pour le mal dont les enfans du siècle ne se servent que trop, il y en a une aussi pour le bien, dont l'Evangile même nous fait une loi (3). Nous serons donc prudens comme le serpent, puisque Jésus-Christ nous l'ordonne (4); nous le serons pour votre propre bien, pour le triomphe même de la vérité, qu'il n'est pas toujours opportun, qu'il seroit dangereux peut-être de vous rappeler toute entière. Un jour plus vif et une lumière trop forte blesseroient peut-être vos yeux encore trop

---

(1) Eccli. 1, 7.
(2) I. Corinth. vi, 2.
(3) Luc, xvi, 8.
(4) Matth. x, 16.

malades, et vous ne pourriez pas la supporter maintenant : *Non potestis portare modò*. Mais nous vous la dirons quand *les jours d'erreurs seront abrégés*, quand le charme qui vous fascine encore aura disparu, quand les esprits seront plus calmes et les passions moins irritées, et que la terre sur laquelle tombera la semence sera plus propre à la recevoir; c'est alors seulement que nous pourrons vous dire sans ménagement ce que vous pourrez entendre avec utilité : *Scies autem postea*. Il ne nous reste donc plus qu'à gémir et prier, attendre avec résignation le moment de la Providence, et nous envelopper du manteau d'une sage réserve, jusqu'à ce que le temps de l'aveuglement et du vertige s'écoule, et que le torrent de l'iniquité soit passé : *Donec transeat iniquitas* (1).

Nous aurions donc cru, N. T. C. F., trahir le plus sacré devoir de notre ministère, en gardant le silence sur ces éditions déplorables, dont

---

(1) Ps. LVI, 2.

l'audace et l'impunité n'ont point d'exemples dans les fastes de notre histoire; et, en conséquence, nous croyons devoir protester, de concert avec tous nos vénérables Collégues dans l'épiscopat, contre la plus grande injure qu'ait jamais reçue la Religion dans le royaume très-chrétien. Nous le faisons au nom des mœurs publiques et de la monarchie, au nom de tous les vrais François, de tous les vrais amis du Roi et de sa race auguste, qui n'ont pas d'ennemis plus irréconciliables que ceux de la Religion; nous renouvelons toutes les censures du Clergé de France, assemblé en 1782 et en 1785, et celles des deux Archevêques de Paris, nos deux illustres Métropolitains, qui déclarèrent dans le temps ces mêmes ouvrages *impies, blasphématoires, séditieux* et *sacriléges;* faisons défense, autant qu'il est en nous, et sous les peines canoniques de droit, d'imprimer dans notre diocèse, colporter et favoriser l'impression desdits ouvrages, de quelque manière que ce soit; réservons à nos Grands-Vicaires l'absolution d'un délit contre lequel ne peuvent être trop sévèrement, appliquées les peines spirituelles; et si, après avoir fait ainsi l'acquit de notre conscience et de notre charge pastorale, ces éditions fatales souillent encore les presses françoises, et attristent les regards des gens de bien; si, pour la punition de ce scandale, le ciel s'irrite de nouveau et nous menace encore du poids de sa colère; si la stabilité du trône de saint Louis se trouvoit compromise encore, et qu'un autre déluge de maux vînt fondre sur la Patrie; Pontifes du Seigneur, nous sommes absous aux yeux de la postérité et aux yeux de l'Eglise, et les malheurs de la Nation ne nous seront pas imputés.

Et sera notre présente Instruction pastorale, lue et publiée au Prône dans toutes les Paroisses de notre Diocèse, et notamment dans toutes les Chapelles des Colléges et autres Maisons d'éducation, où nous chargeons particulièrement MM. les Curés et Desservans de la faire parvenir.

Donné à Troyes, en notre Palais épiscopal, sous le sceau de nos armes et le contre-seing de notre Secrétaire, le 28 août 1821.

✠ ÉT.-ANT., Evêque de Troyes, Archevêque élu de Vienne.

Par Monseigneur,

CONSTANT MIGNEAUX, *Chan. Secrét.*

www.ingramcontent.com/pod-product-compliance
Lightning Source LLC
LaVergne TN
LVHW051458090426
835512LV00010B/2208